Werner Färber

Zahlengeschichten

Illustrationen von Petra Probst

*Der Umwelt zuliebe ist dieses Buch
auf chlorfrei gebleichtem Papier gedruckt.*

ISBN 978-3-7855-6324-3
Veränderte Neuausgabe des Titels
Geschichten von den lustigen Zahlen
1. Auflage 2008
© 1998, 2008 Loewe Verlag GmbH, Bindlach
Umschlagillustration: Sabine Kraushaar
Reihenlogo: Angelika Stubner
Printed in Italy (011)

www.loewe-verlag.de

Inhalt

Die 1 zieht in die weite Welt . . 8

Die Zahlen bauen ein Haus . . 18

Die süßesten Früchte 24

Zehn Zahlen gehen zur Kirmes 31

Die 1 zieht in die weite Welt

Die 1 schnürt ihren Rucksack,

um die weite Welt zu erkunden.

Bald begegnet die 1 der 2.

„Kommst du mit in die weite Welt?",

fragt die 1. „Ist das nicht sehr

gefährlich?", fragt die 2 erstaunt.

„Nein – spannend", sagt die 1.

Da ziehen die und die

gemeinsam weiter. An der

nächsten  steht die .

Sie weiß nicht, ob sie nach links

oder nach rechts gehen soll.

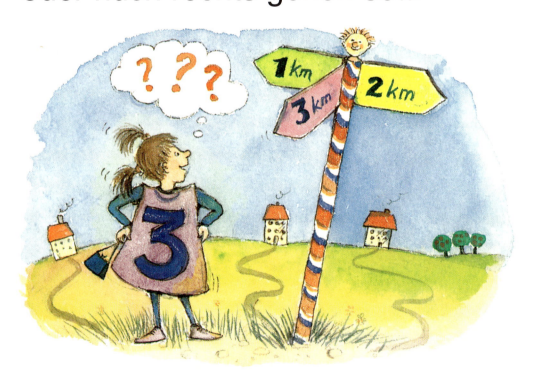

„Komm doch mit uns", sagt die .

„Wir gehen immer der nach."

Bald treffen die , die und

die auf die . „Kommst du

auch mit in die weite ?", fragt

die . „Wo ist die?", fragt die .

„Überall und nirgends", antwortet die  . „Das gefällt mir", sagt die . Die , die , die und die gelangen an einen . Auf der  sitzen die und die mit ihren  .

Weil die  heute sowieso nicht beißen, schließen sich die 5 und die 6 ebenfalls an. Die 1, die 2, die 3, die 4, die 5 und die 6 ziehen weiter.

Am 🐔 eines hohen ⛰

kommt plötzlich die 7 hinzu.

Die 1, die 2, die 3,

die 4, die 5, die 6 und

die 7 ächzen den ⛰ hinauf.

Oben liegt die 🦔 im 🌱 und lässt sich faul von der ☀️ wärmen. Als die 🦔 erfährt, dass die anderen in die weite 🌍 gehen, wird sie schnell munter.

Die 1, die 2, die 3, die 4, die 5, die 6, die 7 und die 8 wandern weiter.

„Wo wollt ihr denn hin?",

fragt die 9. „In die weite 🌑",

antworten die anderen 1 2 3 4 5 6 7 8.

Und schon gehört die 9 dazu.

Schließlich treffen die 1, die 2, die 3, die 4, die 5, die 6, die 7, die 8 und die 9

auch noch die 10. „Du hast

uns gerade noch gefehlt!",

rufen die anderen.

„Dann komme ich mit", sagt

die . So ziehen die ,

die , die , die ,

die , die , die , die ,

die und die gemeinsam

hinaus in die weite .

Die Zahlen bauen ein Haus

Die 1 stapelt rote ☐ in die 🛒. Die 2 schiebt die 🛒 vorsichtig zur 3. Die 3 wirft jeden ☐ einzeln zur 4 hinauf. Die 4 steht auf einer langen 🪜 und fängt die ☐ alle auf.

Neben ihr setzt die  emsig

einen auf den anderen.

So wächst die  immer höher.

Die  sägt die

für das große zurecht.

Die zimmert die , und

die hobelt an der .

Die ist auch nicht faul.

Sie verlegt bereits die

und schließt den an.

Die  setzt ein  ein.

Bald tragen die  den

und die , den  und

die  und natürlich auch

die 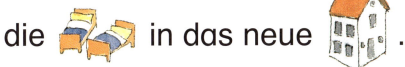 in das neue .

Die  zieht ganz nach oben.

Darunter machen es sich die und die gemütlich. Dann kommen die , die  und die . Ganz unten richten sich die , die , die  und die  ein.

Und noch bevor es dunkel wird, sind die  fertig.

Die süßesten Früchte

Vor dem  steht ein

mit schönen roten  .

„Wir können sie ernten", sagt

die 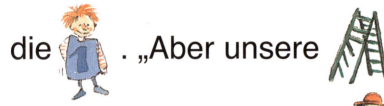 . „Aber unsere ist

doch kaputt", sagt die .

„Dann zimmern wir uns eine neue",

schlägt die  vor.

„Das dauert viel zu lange",

murren die .

„Ich weiß was", sagt die .

„Wir stellen uns aufeinander und

bauen einen aus 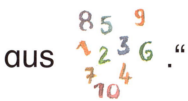."

Die  stellt sich unter

den . Die stellt sich

auf die , die  stellt

sich auf die und so weiter.

Dann stehen alle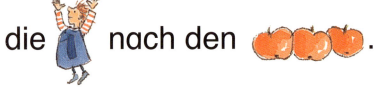

aufeinander. Ganz oben reckt sich

die  nach den .

Sie wirft einen roten

nach dem andern ins .

Die  zählen mit: „,

4, 5, 6, 7, 8, 9 –." „Ein

fehlt noch!", ruft die . Die

reckt sich und streckt sich.

Der fängt an zu schwanken.

Die 8765432 10 purzeln übereinander.

„Da wir einen 🍎 zu wenig

haben", sagt die 5, „müssen wir

abzählen." Die 8 4 1 7 5 3 2 6 9 10

stellen sich murrend im ⭕ auf.

„Ip zip zap und du bist ab", zählt die 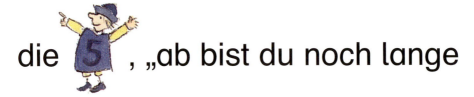, „ab bist du noch lange nicht, sag mir erst wie – aua!"

Die 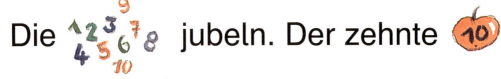 jubeln. Der zehnte ist der soeben auf den gefallen.

Zehn Zahlen gehen zur Kirmes

Heute wollen die 1 2 3 4 5 6 7 8 9 10

zur 🎡 gehen. Sie schlachten

ihr 🐷 und zählen das 🪙.

Wenig später bummeln die 1,
die 2, die 3, die 4, die 5,

die 6, die 7, die 8, die 9

und die 10 über die 🎡.

Die  kauft eine riesige ![] mit ![]. Bald ist ihr übel.

Sie setzt sich auf die nächste ![],

um sich auszuruhen.

Die 1, die 2, die 3, die 4, die 5, die 6, die 7, die 8 und die 9 gehen zur großen . Da schleicht sich die 9 ängstlich davon.

Die 1, die 2, die 3,

die 4, die 5, die 6,

die 7 und die 8 kaufen 🎫.

Die 8 gewinnt einen riesigen

rosa 🐘 und verliert die anderen

bald aus den 👀.

Die 1, die 2, die 3, die 4, die 5, die 6 und die 7 fahren . Die 7 kann gar nicht genug bekommen und will nicht mehr aufhören.

Die 1, die 2, die 3, die 4, die 5 und die 6 gehen zu den . Die 6 fällt aus dem 🪚. Da hat sie genug und geht zurück zum 🏠.

Die 1, die 2, die 3, die 4 und die 5 fahren mit der . Die 5 verliebt sich in ein 👻 und kommt einfach nicht mehr heraus.

Die hält sich nicht richtig fest.

Schwups, ist sie verschwunden.

Leider kann der  die nicht mehr finden, nachdem er sie in seinen gezaubert hat. Die  und die sehen sich ratlos an. Plötzlich gehen alle   aus.

Als es wieder hell ist, steht die

alleine da. Sie kehrt zum

zurück. Dort liegen alle

schon friedlich in ihren .

Erleichtert legt sich auch die

ins .

Die Wörter zu den Bildern:

 Eins   Fluss

 Rucksack   Brücke

 Welt   Fünf

 Zwei   Sechs

 Kreuzung   Angeln

 Drei   Fische

 Nase   Fuß

 Vier  Berg

Sieben Leiter

 Mauer

Acht

 Balken

Gras

 Sonne Dach

 Treppe

Neun

 Tür

Zahlen

  Rohre

Zehn

 Ziegelsteine Wasserhahn

 Schubkarre Fenster

Tisch
 Kreis

 Stühle
 Kopf

 Teppich
 Kirmes

 Schränke
 Sparschwein

 Betten
 Geld

 Haus
 Tüte

 Baum
 Bonbons

 Äpfel
 Bank

 Turm
 Achterbahn

Lose
 Gespenst
 Elefant
 Riesenrad
 Augen
 Zelt
 Karussell
 Zauberer
 Ponys
 Hut
 Sattel
 Lampen
 Geisterbahn

Werner Färber wurde 1957 in Wassertrüdingen geboren. Er studierte Anglistik und Sport in Freiburg und Hamburg und unterrichtete anschließend an einer Schule in Schottland. Seit 1985 arbeitet er als freier Übersetzer und schreibt Kinderbücher.
Mehr über den Autor unter www.wernerfaerber.de.

Petra Probst wurde 1958 in München geboren. Nach einem Fremdsprachenstudium besuchte sie das Lehrinstitut für grafische Gestaltung in München und studierte an der Kunstakademie in Turin. Vor über zehn Jahren illustrierte sie erstmals ein Kinderbuch; viele Veröffentlichungen bei zahlreichen Verlagen im In- und Ausland folgten. Petra Probst ist verheiratet, hat einen Sohn und lebt heute in Turin.